BEI GRIN MACHT SICH IHR
WISSEN BEZAHLT

- Wir veröffentlichen Ihre Hausarbeit,
  Bachelor- und Masterarbeit

- Ihr eigenes eBook und Buch -
  weltweit in allen wichtigen Shops

- Verdienen Sie an jedem Verkauf

Jetzt bei www.GRIN.com hochladen
und kostenlos publizieren

Bibliografische Information der Deutschen Nationalbibliothek:

Die Deutsche Bibliothek verzeichnet diese Publikation in der Deutschen National-
bibliografie; detaillierte bibliografische Daten sind im Internet über http://dnb.d-
nb.de/ abrufbar.

Impressum:

Copyright © 2018 GRIN Verlag
Druck und Bindung: Books on Demand GmbH, Norderstedt Germany
ISBN: 9783668739031

Dieses Buch bei GRIN:

https://www.grin.com/document/429043

Simon Kübler

Corporate Identity, Digitalisierung und Preismanagement in der Fitness- und Gesundheitsbranche

GRIN Verlag

GRIN - Your knowledge has value

Der GRIN Verlag publiziert seit 1998 wissenschaftliche Arbeiten von Studenten, Hochschullehrern und anderen Akademikern als eBook und gedrucktes Buch. Die Verlagswebsite www.grin.com ist die ideale Plattform zur Veröffentlichung von Hausarbeiten, Abschlussarbeiten, wissenschaftlichen Aufsätzen, Dissertationen und Fachbüchern.

Besuchen Sie uns im Internet:

http://www.grin.com/

http://www.facebook.com/grincom

http://www.twitter.com/grin_com

Deutsche Hochschule für

Prävention und Gesundheitsmanagement

Hermann Neuberger Sportschule 3

66123 Saarbrücken

Einsendeaufgabe

Fachmodul:	Marketing 2
Studiengang:	Fitnessökonomie
Datum Präsenzphase:	29.01.2018 - 01.02.2018

Name, Vorname:	Kübler, Simon
Studienort:	**Stuttgart**
Semester:	**WS 2015**

Inhaltsverzeichnis

1 Preismanagement und Kooperation

1.1 Preiselastizität der Nachfrage

Preiselastizität der Nachfrage:

(ϵ) = Änderung der Menge in % : Änderung des Preises in %

Prozentuale Veränderung des Preises:

40,90€ = 100%

45,90€ = 112,22%

Es liegt eine Preiserhöhung von 12,22% vor.

Prozentuale Veränderung der Nachfragemenge:

2700 Mitglieder (MG) = 100%

2400 MG = 88,89%

Im Zuge der Preiserhöhung wird ein 11,11 prozentiger Nachfragerückgang prognostiziert.

Preiselastizität der Nachfrage:

(ϵ) = 11,11% : 12,22% = 0,91

Mit 0,91 liegt die eruierte Preiselastizität der Nachfrage unter 1. Daraus lässt sich ableiten, dass es sich um eine unelastische Nachfrage handelt.

Aufgrund dessen das die Änderung des Preises lediglich zu einem geringen Nachfragerückgang führt, lohnt es sich für das Unternehmen X&Y Health GmbH eine Preiserhöhung zu implementieren.

1.2 Preisbildung

1.2.1 Anlässe der Preisbildung

Durch zwei Konstellationen kann die Bildung eines Preises festgelegt werden. Zum Einen mittels erstmaliger Preisfestlegung, zum Anderen mithilfe einer Preisänderung (Schlaffke & Plünnecke, 2017, S. 153). Für das Unternehmen X&Y Health GmbH ist eine Preisänderung geplant.

Die Grundlage der Preisänderung resultiert aus Kostenveränderungen. Gründe sind interne Kostenstrukturen und weitere Preisänderungen. Aufgrund von steigenden Lohn-, Energie- und Herstellungskosten können die Kosten beispielsweise der Mitgliedsbeiträge steigen (Meffert, Burmann et al., 2015, S. 487-488).

Nach der Ansoff-Matrix kann bei der Produkt- und Leistungsstrategie die Marktdurchdringung herangezogen werden. Hierbei versucht das Unternehmen mit vorrätigen Produkten den Marktanteil zu erweitern und eine Ausweitung des Marktvolumens auf den gegenwärtigen Märkten zu realisieren (Nieschlag et al., 2002, S. 900). Dabei bieten sich folgende Vorgehensweisen an (Weis, 2012, S. 160):

> ➤ Kundendienst soll verbessert werden
> ➤ Erschließung weiterer Kunden von der Konkurrenz
> ➤ Verstärkung der Segmente Werbung, Verkaufsförderung und Kommunikation
> ➤ Verbesserung sowie Intensivierung des persönlichen Verkaufs
> ➤ Je nach Produktlebenszyklus eine mögliche Preissenkung anvisieren
> ➤ Neue Verwendungsmöglichkeiten werden generiert
> ➤ Bei vorhandenen Abnehmern kommt es zu einer Steigerung der Verwendung

1.2.2 Kostenorientierte Preisbildung

Zuschlagsverfahren:

$$\text{Stückkosten} = \text{variable Kosten} + \left(\frac{\text{fixe Kosten}}{\text{Absatzmenge x 12 Monate}}\right)$$

$$8,50€ + \left(\frac{650.000}{2800 \times 12}\right)$$

$$8,50€ + 19,35€ = 27,85€$$

Gewinnzuschlag (15%):

27,85€ = 100%

32,03€ = 115%

Zzgl. + 19% Mehrwertsteuer = 6,09€

Der Bruttomitgliedsbeitrag liegt pro Monat bei 38,11 Euro.

1.2.3   Konkurrenzorientierte Preisbildung

An den Preisen der Konkurrenz orientiert sich die konkurrenzorientierte Preisbildung. Dabei unterscheidet sie sich zwischen zwei Ausprägungen, zum einen die Preisbildung durch die Ausrichtung an Marktpreisen und zum anderen die Preisbildung in öffentlichen Ausschreibungen (Schlaffke & Plünnecke, 2017, S. 170). Die Preisbildung bei dem Unternehmen X&Y Health GmnH entsteht durch die Orientierung am Marktpreis. Hierbei orientiert man sich entweder am Preisführer oder am Branchenpreis.

Von einer Preissenkung wird obgleich des niedrigeren Preises der Konkurrenz abgesehen. Der Beweggrund ist ein hohes Anspruchsdenken gegenüber dem eigenen Service und der individuellen Betreuung, welches der Kunde als unique selling proposition (Alleinstellungsmerkmal) suggeriert bekommt.

Eine Verunsicherung und das Vertrauen der Kunden könnte durch ein ständiges senken des Preises verloren gehen. Mit diesem exklusiven Qualitätsmerkmal sollte das Unternehmen X&Y Health GmbH keine Preisveränderung anstreben.

2   Strategische Analysemethoden

2.1 Five-Forces-Modell

Das Five-Forces-Modell nach Porter zeigt auf, wie erfolgsversprechend eine Branche ist. In Hinblick darauf werden fünf Bestandteile der Branchenstruktur, die „Five Forces" analysiert (Bea & Haas, 2013, S. 99):

➢ Verhandlungsvollmacht der Kunden
➢ Verhandlungsvollmacht der Zulieferer
➢ Bedrohung durch Ersatzprodukte

- ➤ Bedrohung durch potenzielle Mitbewerber

- ➤ Mitbewerber-Rivalität

Verhandlungsvollmacht der Kunden (Steininger, 2003).

Der Einfluss der Kunden, wie stark Qualität und Preise angepasst werden müssen, kann signifikant sein. Erhält der Kunde eine hohe Verhandlungsvollmacht durch beispielsweise einer hohen Verfügbarkeit von Ersatzprodukten, kann er einen geringeren Preis für die identische Qualität erzielen. Ist dies über eine längere Zeitspanne der Fall, kann der Unternehmenserfolg zur Disposition stehen. Durch eine hohe Varianz und Differenzierung des Angebots bindet das Unternehmen Freeletics eine Vielzahl von Kunden.

Verhandlungsvollmacht der Zulieferer (Steininger, 2003).

Besitzt der Zulieferer eine hohe Bedeutsamkeit im Unternehmen, erhält dieser automatisch eine starke Gewichtung bei Verhandlungen. Wenn der Textilzulieferer von Freeletics seine Preise beispielsweise anheben würde, so müsste das Unternehmen entweder den Zulieferer wechseln oder die Preise ebenso erhöhen. Da das Unternehmen einerseits einen hohen Bekanntheitsgrad besitzt und andererseits ein schnell wachsendes Unternehmen ist, hat der Zulieferer eine marginale Möglichkeit etwaiger Preisveränderungen.

Bedrohung durch Ersatzprodukte (Steininger, 2003).

Die Attraktivität eines Unternehmens wird erheblich durch Ersatzdeterminanten beeinflusst. Ein potenzieller Kunde kann bei Bedarf zu einem anderen Ersatzprodukt wechseln. Beispielsweise sind eine Reihe von Kunden über die Winterjahreszeit bevorzugt in einer beheizten Fitnessanlage oder genießen eine eins-zu-eins Betreuung mit einem qualifizierten Personal-Trainer. Dies kann in den einzelnen Monatszyklen zu einem Kundenverlust führen.

Bedrohung durch potenzielle Mitbewerber (Steininger, 2003).

Auf Grund neuer möglicher Mitbewerber erhöht sich das vorhandene Angebot auf dem Markt. Somit kann die eigene Preisstruktur über externe Gegebenheiten beeinflusst werden. Es besteht die Gefahr, dass der Preis für das eigene Produkt gesenkt werden muss, um einen Kundenverlust zu verhindern. Mit einer hohen Differenzierung der eigenen Produktpalette kann eine starke Kundenbindung hervor gerufen werden. Durch diese hohe Kundebindung an das Unternehmen kann ein Markteintritt für potenzielle Mitbewerber präventiv entgegen gewirkt werden. Eine zusätzliche Eintrittsbarriere für Mitbewerber kann sein, wenn das Unternehmen im Besitz von neuartiger Produkttechnologie ist, welches durch ein Patent geschützt ist.

Mitbewerber-Rivalität (Steininger, 2003).

Je größer die Wettbewerbsdichte ist desto höher die Mitbewerber-Rivalität. Bei vielen Konkurrenten ist sowohl ein hoher Wettbewerbsdruck als auch ein hoher Preisdruck die Folge. Das junge Unternehmen Runtastic Results tritt als konkurrierender Mitbewerber mit ähnlichen Produkteigenschaften, jedoch kostengünstigeren Preisen auf den Markt. Der angesprochene homogene Mitbewerber könnte durchaus einen Kundenverlust hervorrufen.

2.2 Durchführung einer SWOT-Analyse

Tab. 1: Stärken und Schwächen des Unternehmens Freeletics (eigene Darstellung, 2018)

Stärken (Strengths)	Schwächen
Hohe Flexibilität bei der Alltagsintegrierung des Trainings. Übungen sind sowohl im freien als auch in der Wohnung möglich (Heinzerling, 2014).	Eine Individualisierung auf die jeweilig trainierende Person ist nicht möglich. So kann der pauschale Trainingsplan, welcher in der App angeboten wird, für manch einen gesundheitsschädigend sein (Heinzerling, 2014).
Die Freeletic Coach App bietet im Vergleich zum herkömmlichen Fitnessstudio eine sehr kostengünstige Möglichkeit zu trainieren. Eine Jahresmitgliedschaft liegt bei 79,99 Euro (Maciej, 2015).	Fehlerquellen können von der App während der Ausführung nicht erkannt werden. Der konzeptbedingte Zeitdruck bietet während der Ausführung ein perfektes Rezept für Verletzungen (Heinzerling, 2014).
Wie eine Art Familie tritt die „Community" als Lifestyle-Training im Alltag auf. Sie soll motivierend und unterstützend wirken, darüber hinaus sind Wettkämpfe gegeneinander in Echtzeit möglich (Scherkamp, 2015).	Das Marketing suggeriert gerade dem jüngeren Publikum mit verschiedenen Transformationsvideos eine schnelle Zielerreichung. Dies kann für den Einen oder Anderen bei Erfolglosigkeit demotivierend sein (Heinzerling, 2014).

Tab. 2: Chancen und Risiken des Unternehmens Freeletics (eigene Darstellung, 2018)

Chancen (Opportunities)	Risiken (Threats)
Aus den Eckdaten geht hervor, dass die Steigerungsrate der Fitness-App Nutzer	Eine erhöhte Preissensibilität entsteht bei den Kunden die vermehrt Angebote in

von 2017 bis 2022 bei nahezu 200% liegen könnte (Statistika, 2017).	Anspruch nehmen (Statista, 2018).
Desweiteren bietet die Digitalisierung dem Unternehmen durch digitale Innovationen neue Chancen, auf dem Markt noch besser da zustehen (Absatzwirtschaft, 2017).	Die klassischen Fitnessstudios nutzen durch die Technisierung beziehungsweise Digitalisierung vermehrt eigene Fitness-Apps (DSSV, 2017).
Der demographische Wandel schreitet in Deutschland immer weiter voran (Statistische Bundesamt, 2015).	Neue günstigere Angebote von Mitbewerbern locken die Kunden zu einem Wechsel (Riekert, 2015).

2.3 Erstellung einer SWOT-Matrix

Tab. 3: SWOT-Matrix des Unternehmens Freeletics (eigene Darstellung, 2018)

	Chancen (Opportunities)	Risiken (Threats)
	➢ Steigerungsrate der Nutzer ➢ Weitere Innovationen ➢ Demographischer Wandel	➢ Erhöhte Preissensibilität der Verbraucher ➢ Vermehrte Nutzung konventioneller Fitnessanlagen ➢ Verstärkte Konkurrenz mit preisgünstigeren Angeboten
Stärken (Strenghts)	**S-O-Strategie:**	**S-T-Strategie:**
➢ Unkomplizierte Handhabung ➢ Preiswerte Angebotsportfolio ➢ Lifestyle-Community	➢ Um eine größere Verbraucherreichweite speziell für die ältere Zielgruppe zu erhalten eine breitere Produktpalette anbieten. ➢ permanente Verbesserung der einzelnen	➢ Das facettenreiche Angebot ebenfalls auf die kostengünstigere Konkurrenz anpassen ➢ Durch die hohe Mitgliederzahl der Community versuchen sich auf wei-

	Produkte	tere Zielmärkte zu etablieren
Schwächen (Weaknesses)	**W-O-Strategie:**	**W-T-Strategie:**
➢ Keine individuelle Betreuung möglich ➢ Hohes Potenzial von Fehlerquellen ➢ Anspruchsvolle Marketingkonzept	➢ Maßnahmen zur Trainingskontrolle ➢ Marketingkonzept überarbeiten	➢ Über realitätsnähere Werbemaßnahmen die Verbraucher ansprechen. ➢ Eine Software zur Erkennung von Fehlerquellen einführen.

2.4 BCG-Portfolio und Produktlebenszyklus

In dem BCG-Portfolio liegen Fitness-Apps momentan im Bereich der „Stars". Sowohl ein hoher Marktanteil als auch eine hohe Wachstumsrate charakterisieren den Stellenwert des Unternehmens.

Um weiterhin einen hohen Cashflow der Produkte sowie Monopolstellung am Markt gewährleisten zu können sind zusätzliche Investitionen von Nöten.

Die Fitness-App Freeletics befindet sich momentan im Produktlebenszyklus in einer Wachstumsphase. Dementsprechend durchlief sie bereits die Entwicklungs- sowie Einführungsphase.

Ein Unterschied zu dem idealtypischen Produktlebenszyklus findet sich in der Entwicklungsphase. Ein Amortisierungsprozess gibt es bei Freeletics kaum, da durchschnittliche Entwicklungskosten geringer sind als im Vergleich zu herkömmlichen Produkten (Reuter, 2011). Somit ist eine Überschreitung der Gewinnschwelle, also dem Break-even-Point, frühzeitiger erreicht.

2.5 Fazit

Zusammenfassend lässt sich für die Fitnesskette festhalten, dass sich vor allem bei den jüngeren und technikversierten Zielgruppen, der Trend hin zur Digitalisierung tendenziell weiter zunehmen wird.

Unter (vgl. 2.4, S. 9) zeigt sich deutlich, welches Marktwachstumspotenzial Fitness-Apps derzeit aufweisen.

Um sich einerseits gegenüber der Konkurrenz einen Vorteil zu verschaffen und andererseits einen langfristigen Erfolg am Markt zu sichern, sollte vermehrt auf Nachwuchsprodukte gesetzt werden, denn nur „wer den Markt kennt gewinnt" (Pindter 2014, S. 1). Desweiteren wird unter Punkt (vgl. 2.4, S. 9) aufgedeckt, dass das Produkt Freeletics sich von dem idealtypischen Produktlebenszyklus positiv unterscheidet.

Demzufolge wäre eine Investition dahingehend eine präventive Maßnahme um auch dem Trend der Fitnessbranche und der Digitalisierung gerecht werden zu können.

3 Corporate Identity

3.1 Interview-Analyse

3.1.1 Sechs Anzeichen der Überarbeitung der Corporate Identity bei Kieser Training

1) Änderung des Werbeslogans:
   Anfangs noch „Ein starker Rücken kennt keine Schmerzen". Heute „Ja zu einem starken Körper".

2) Veränderung des Farbkonzeptes:
   Ursprünglich herrschten die Farben Grau und Gelb vor, nun wurde eine Änderung nach Blau vorgenommen.

3) Änderung der Zielgruppe:
   Anfangs war das Training auf Athleten fokussiert. Sukzessiv wurde eine neue Zielgruppe im Alter von 30 bis 55 Jahren erschlossen.

4) Änderung der Kundenwerbung:
   Kieser bezog in den Anfangszeiten seine Kunden fast ausschließlich über Mundpropaganda, nun wurde die Printkampagne implementiert.

5) Konzeptveränderung:

Angesichts hoher Konkurrenz wurde anfangs auf Wellness gesetzt. Nach kurzer Zeit wurde wieder die Konzeption hin zum reinen Training aufgegriffen.

6) Erschließung des internationalen Marktes:

Die ersten Studios wurden in der Schweiz eröffnet. Bis heute wurden Filialen in acht verschiedenen Ländern realisiert.

3.1.2 Gründe der Neuausrichtung der Corporate Identity allgemein und bei Kieser Training

1) Negativ-Image:

Sobald ein Unternehmen ein negatives Image inne hat, ist es äusserst schwierig diesen Ruf wieder los zu werden. Heutzutage entscheiden potenzielle Kunden oft anhand des Images ob eine Anmeldung im jeweiligen Unternehmen dem Bedürfnis gerecht wird.

Das Training bei Kieser wird oft in Kontext mit „Training für alte und kranke Leute" gebracht. Kieser will seit einigen Jahren einen kräftigen Körper und einen starken Rücken vermitteln, um letztendlich einen Imagewechsel zum Wohle der Kunden zu erreichen.

2) Vergleiche des Logos mit anderen Unternehmen:

Der Wiedererkennungswert spiegelt sich bei der Wahl des Logos wieder. Es ist das visuelle Erscheinungsbild mit dem sich ein Unternehmen in der Öffentlichkeit von anderen Konkurrenten abgrenzen kann. Zu Beginn hatte Kieser die Farbe Gelb im Logo integriert.

In der Öffentlichkeit wurde oft eine Analogie zu einem konkurrierenden Discounter gesehen. Damit kein negatives Image aufkommt und die Qualität des Kieser Trainings nicht darunter leidet wurde eine Überarbeitung des Logos bewirkt.

3) Veränderung der Zielgruppe:

Durch demographische, geographische oder psychographische Faktoren kann sich eine Zielgruppe im Laufe der Zeit für ein Unternehmen ändern. Zu den Anfängen trainierten hauptsächlich Athleten bei Kieser.

Im Laufe der Zeit wurde jedoch das Publikum immer älter, sodass ein Harmonisierungsprozess des Konzeptes von Nöten war und um weiterhin den Bedürfnissen der Kunden gerecht zu werden.

Ein Grund der Spezialisierung kann eine erhoffte Umsatzerhöhung sein, da das angesprochene Klientel im Vergleich zum jüngeren Publikum zahlungskräftiger erscheint.

4) Niederlassungserweiterung:

Ein Unternehmen ist gewillt zu expandieren, um einen maximalen Marktanteilsgewinn zu kreieren. So erschließt Kieser (vgl. S. 10) einen großen Marktanteil auf internationaler Ebene und generiert weitere Ertragszuwächse um Wettbewerbsfähig bleiben zu können.

3.1.3 Veränderungen der Corporate Identity bei vier zusätzlichen Unternehmen

1. Mc Donald´s

Mc Donald´s steckt in einer Sinnkrise. Das Unternehmen verzeichnet rückläufige Umsatzzahlen. Der Trend weg vom Industrie-Fastfood hin zum regionalen Streetfood und einem gesünderen Lebensstil macht sich bemerkbar. Darauf wurde bereits das Corporate Design verändert.

Neben McCafe soll es nun die Möglichkeit geben anstelle von Pommes auch Gemüse und Obst sowie einen vegetarischen Burger zu erhalten. Für eine weitere Veränderung der Corporate Identity spricht das neu auferlegte Verpackungsdesign.

Mit dem Farbenwechsel von rot zu grün, soll dem Verbraucher suggeriert werden, dass der gesunde Lebensstil, welcher seit Jahren in der Gesellschaft wächst, nun ebenfalls in der Unternehmensphilosophie verankert ist (Frehse, 2015).

2. Audi:

Audi hatte zu Beginn das Image vom „Opa-Auto". Um einen positiven Imagewechsel voranzutreiben hat Audi durch neue Innovationen und besten Design- und Technikanspruch das alte Leitbild überwunden und ist heute auf Augenhöhe mit Marken wie Mercedes und BMW anzusehen (Anker, 2009).

Müller (2016) beschreibt den Wechsel der CI in der Farbauswahl, Typografie und Bildsprache. Dieser Wechsel soll weiter das Image und gleichzeitig den Leitspruch „Vorsprung durch Technik" symbolisieren.

3. Coca Cola:

    Die unterschiedlichen Angebotsvarianten versucht die Marke auf allen Kommu-nikationswegen den Verbrauchern gegenüber zu vermarkten. So versucht sie nun das jüngere Publikum mit einem hohen Gesundheitsbewusstsein vornehmlich auf Kanälen wie den verschieden Social-Media Plattformen zu erreichen.

    Das Corporate Design wurde seit Beginn der Unternehmensgründung zeitgemäß und regelmäßig überarbeitet.

    Mit „Taste the Feeling" tritt das Unternehmen gegenwärtig auf den Markt. Mit einem hohen Identifikationswert geknüpft mit einer stetig wachsendenden Pro-duktpalette versucht das Unternehmen weiterhin Wettbewerbsfähig zu bleiben (Schaffrina, 2015).

4. Opel:

    Opel möchte ein Imagewechsel vornehmen, die Marke wirkt laut dem Opel-Chef verstaubt und altbacken. Das Unternehmen versucht nun vermehrt Premiumtechnologie für die breite Käuferschicht zugänglich zu machen.

    Der neue Slogan „die Zukunft gehört allen" unterstreicht diese Unternehmens-einstellung.

    Zusätzlich zum Markenversprechen soll das neu gestaltete Logo den Weg in die Zukunft symbolisieren (Scholz & Friends, 2017).

3.2 Marktstrategien

3.2.1 Marktbearbeitungsstrategie und Wettbewerbsstrategie

Das Unternehmen Kieser verfolgt eine differenzierte Marktspezialisierung. Dabei liegt der Fokus auf die Zufriedenstellung einer speziellen Zielgruppe. Durch die fokussierte Ausrichtung auf das wesentliche, nämlich der Verkauf des Produktes „Fitness" hebt sich Kieser gegenüber der Konkurrenz klar ab.

Der Hauptgedanke bei Kieser ist, eine Minderung körperlicher Beschwerden zu erlan-gen. Zusätzliche Leistungen wie Wellnessangebote oder Kurse werden nicht angeboten. Dies macht die Diskrepanz zu den Mitbewerbern aus.

Eine klare Differenzierungsstrategie spiegelt sich in dem fundierten Trainingskonzept, der hohen Qualität an modernster Technologie wieder.

3.2.2 Anwendung der Produkt-Markt-Matrix nach Ansoff bei Kieser

Kieser verfolgt als Strategie eine Marktdurchdringung. Das Unternehmen versucht auf den kontemporären Märkten mit bereits verfügbaren Produkten eine Vergrößerung des Marktanteils sowie Ausweitung des Marktvolumens zu realisieren.

Durch beispielsweise einer veränderten Corporate Identity, die dem Unternehmen ermöglicht bisherigen Nicht-Verwendern zu akquirieren, gelingt dies (Nieschlag et al., 2002, S. 900).

Ebenso verfolgt Kieser die Strategie der Produktentwicklung. Neue Trainingsgeräte werden von Kieser entwickelt und auf den Fitnessmarkt angeboten. Die Produktspezialisierung wird als einzigartig und käuferorientiert wahrgenommen (Weis, 2012, S. 161).

4 Digitalisierung in der Fitness- und Gesundheitsbranche

Der digitale Wandel, einhergehend mit der weiter zunehmenden Vernetzung der Bevölkerung ist ein unaufhaltsamer Prozess. Ein aktueller Trend sind Wearables wie die „Smart Watches". Für das Unternehmen gilt es ein adäquates Anwendungstool zu entwickeln, in dem beispielsweise das Ernährungsverhalten der Kunden aufgezeichnet wird. Der Vorteil für den Kunden spiegelt sich in der besseren Steuerung und Erreichung gesetzter Ziele. Der Trainer kann darüber hinaus Optimierungsmaßnahmen geschickt von einem digitalen Medium vornehmen und ist wie der Kunde nicht in der Pflicht dies während einer eins zu eins Betreuung zu tun.

Ein zusätzlicher Trend sind online erstellte Trainingsprogramme von bekannten Sportgrößen. Sowohl als Werbemaßnahme als auch einer Imageprägung kann solch eine Integration beziehungsweise Kooperation in das Studiokonzept nach außen auf den Kunden wirken. So soll ein 3 Monats-Programm mit einem gewählten Ernährungs- und Trainingsplan entwickelt werden, welches auf dem Smartphone abgerufen werden kann. Es werden Einheiten für Zuhause als auch für das Studio angeboten. Der Kunde kann demzufolge frei entscheiden. Optional können zusätzliche Beratungstermine im Fitnessstudio gebucht werden.

Ein Trend, der im Zuge des demografischen Wandels und der immer ärmer werdenden Bevölkerung zum Tragen kommt, sind Kooperationen mit Krankenkassen oder Arbeitgeber der Mitglieder. Um die Nachfrage hoch zu halten und das Angebot interessant für den Kunden zu gestalten, werden vermehrt Förderungsmaßnahmen für Verbraucher annonciert.

Für die Zielgruppe mit erhöhtem Zeitdruck soll das exklusive Trainingssystem Milon-Zirkel zum bisherigen Trainingsequipment hinzugefügt werden. Das Ziel ist, den Ruf des „veralteten Studios mit der ungerechtfertigten Leistung" aus der Sichtweise des Kunden positiv zu verändern. Der Kunde erhält die Chance durch die simple Bedienung der Geräte, sein Training so effizient wie möglich selbst gestalten zu können.

Ein weiterer, weitaus kostengünstigerer Trend ist eine starke Präsenz auf den Social Media Netzwerken zu zeigen. Ein geeignetes Team soll sich im Marketingbereich auf die momentanen Trends fokussieren und geeignete Strategien zur Ansprechung der jeweiligen Zielgruppen entwickeln. Facebook sowie Instagram sollen dabei im Hauptfokus stehen. Das Ziel ist durch permanente Updates von Trainings- und Ernährungstipps, einen hohen Bekanntheitsgrad zu gewinnen und eine große Spannweite an potenziellen Kunden zu erzielen. Darüber hinaus wird freies W-LAN, um den Trend der Digitalisierung gerecht zu werden, in das Studio implementiert. Externe sowie interne Kunden können sich mit ihrer Email anmelden. So können zum Einen weitere potenzielle Kunden generiert werden und zum Anderen alle Mitglieder über Neuigkeiten informiert werden.

Im Zuge des digitalen Fortschrittes treten Online Fitnessprogramme immer weiter in den Vordergrund. Sobald der Kunde keinen Nutzen in einer Mitgliedschaft sieht, sondern eine kostengünstigere Alternative beziehen kann, hat das Unternehmen durchaus mit einem Kundenverlust zu rechnen. Mit der Steigerung der Konkurrenz korreliert ebenso die Preissensibilität der potenziellen Kunden. Vorzugsweise in Ballungsräumen wie Berlin herrscht ein erbitterter Preismachtkampf insbesondere zwischen Discount Anbietern. Die technische Ausstattung dieser Anbieter ist oft mit Premium Anbietern zu vergleichen. Ein Kundenverlust speziell der Bevölkerungsgruppe mit niedrigerem Einkommen kann eine Konsequenz sein.

Ein weiteres Risiko, welcher mit einer unzureichenden Umsetzung adäquater Dienstleistungen zusammenhängt, sind negative Bewertungen im Internet. Heutzutage stellt das Internet ein beliebtes Informationstool dar. Vermeintliche Kunden generieren ihren ersten Eindruck oftmals über diese Kanäle. Bei mangelnder Bewertung ist das Ausschlusskriterium hoch. Der Verlust von Arbeitsplätzen stellt ein weiteres Risiko der Digitalisierung dar. Automatisierungsprozesse zur Kosteneinsparung für Unternehmer genießen einen immer höheren Stellenwert. So können bereits Trainings-Apps in gewisser Weise den Trainer ersetzen oder Reinigungsroboter die Reinigungskraft.

5   Literaturverzeichnis

Absatzwirtschaft. (2017). Global Digital Report 2017: So digital ist die Welt. Zugriff am 10.02.2018. Verfügbar unter http://www.absatzwirtschaft.de/global-digital-report-2017-so-digital-ist-deutschland-97695/

Anker, S. (2009). 100 Jahre Audi – Vom Opa-Auto zum BMW-Rivalen. Zugriff am 11.02.2018. Verfügbar unter https://www.welt.de/motor/article4127545/100-Jahre-Audi-Vom-Opa-Auto-zum-BMW-Rivalen.html

Bea, F. X. & Haas, J. (2013). Strategisches Management (Grundwissen der Ökonomik: Betriebswirtschaftslehre, 6., vollständig überarbeitete Aufl.). Stuttgart: Lucius & Lucius.

DSSV, Arbeitgeberverband deutscher Fitness- und Gesundheits-Anlagen. (2017). Fitness-Trends 2017. Zugriff am 10.02.2018. Verfügbar unter https://www.dssv.de/statistik/fitness-trends-2017/

Frehse, L. (2015). Wie McDonald´s sich ändern will. Zugriff am 11.02.2018. Verfügbar unter www.tagesspiegel.de/wirtschaft/nach-60-jahren-image-probleme-wie-mcdonalds-sich-aendern-will/11636828.html

Heinzerling, M. (2014). Freeletics – Vorteile und Kritik. Zugriff am 10.02.2018. Verfügbar unter https://mheinzerling.de/blog/freeletics-vorteile-und-kritik/

Maciej, M. (2015). Freeletics: Kosten und Preise für App und Coach. Zugriff am 10.02.2018. Verfügbar unter http://www.giga.de/apps/freeletics/tipps/freeletics-kosten-und-preise-fuer-app-und-coach/

Meffert, H., Burmann, C. & Kirchgeorg, M. (2015). Marketing. Grundlagen marktorientierter Unternehmensführung Konzepte – Instrumente – Praxisbeispiele (SpringerLink : Bücher, 12., überarb. u. aktualisierte Aufl. 2014). Wiesbaden: Springer Gabler.

Müller, C. (2016). Neue Corporate Identity: Audi startet offenes Markenportal. Zugriff am 11.02.2018. Verfügbar unter https://www.wuv.de/marketing/neue_corporate_identity_audi_startet_offenes_markenportal

Nieschlag, R., Dichtl, E. & Hörschgen, H. (2002). Marketing (19., überarbeitete und ergänzte Aufl.). Berlin: Duncker und Humblot.

Reuter, M. (2011). Was die Entwicklung einer App in Deutschland kostet. Zugriff 11.02.2018. Verfügbar unter http://www.appadvisors.de/2011/07/was-ap-entwicklung-in-deutschland-kostet/

Riekert, J. (2015). Runtastic: Das sind die Kosten. Zugriff am 10.02.2018. Verfügbar unter https://praxistipps.chip.de/runtastic-das-sind-die-kosten_43058

Pindter, M. (2014). Wer den Markt kennt, gewinnt. Zugriff am 11.02.2018. Verfügbar unter https://mrc.de/wp-content/uploads/2016/04/Wer_den_Markt_kennt_gewinnt_mit_Copyright.pdf

Schaffrinna, A. (2015). Coca-Cola verfolgt Einmarkenstrategie – Verpackungsdesign wird international getestet. Zugriff am 11.02.2018. Verfügbar unter https://www.designtagebuch.de/coca-cola-verfolgt-einmarkenstrategie-verpackungsdesign-wird-international-getestet/

Scherkamp, H. (2015). Was ist dran, am Hype um das Münchner Startup Freeletics? Zugriff am 10.02.2018. Verfügbar unter https://www.gruenderszene.de/allgemein/freeletics-interview

Schlaffke, W. & Plünnecke, A. (2017). Studienbrief Marketing 2 (Rev. 18.024.000). Saarbrücken: Deutsche Hochschule für Prävention und Gesundheitsmanagement.

Scholz & Friends. (Hrsg.). (2017). Opel: Neues Markenversprechen und Logo. Zugriff am 11.02.2018. Verfügbar unter http://www.ci-portal.de/die-zukunft-gehoert-allen-opel-praesentiert-neues-markenversprechen-und-logo/

Statista. (2017). Im Segment "Apps" wird die Anzahl der Nutzer im Jahr 2022 laut Prognose 11,4 Mio. betragen. Zugriff am 10.02.2018. Verfügbar unter https://de.statista.com/outlook/313/137/fitness/deutschland#market-revenue

Statista. (2018). Sie sagten, dass Sie im kommenden Jahr eine Preiserhöhung erwarten. Wenn das passiert, wie werden Sie darauf reagieren? Zugriff am 10.02.2018. Verfügbar unter https://de.statista.com/statistik/daten/studie/273141/umfrage/preissensibilitaet-von-konsumenten-in-deutschland-und-ausgewaehlten-laendern-weltweit/

Statistisches Bundesamt. (2015). Bevölkerung Deutschlands bis 2060. Zugriff am 10.02.2018. Verfügbar unter https://www.destatis.de/DE/PresseService/Presse/Pressekonferenzen/2015/bevoelkerung/Pressebroschuere_Bevoelk2060.pdf?__blob=publicationFile

Steininger, H. (2003). Porters Five Forces Modell. Fünf Kräfte Modell nach Michael Porter. Stand vom 25.12.2003 um 22:17 Uhr. Zugriff am 10.02.2018. Verfügbar unter http://www.edditrex.de/docs/porter_five_forces_modell.pdf

Weis, H. C. (2012). Marketing (Kompendium der praktischen Betriebswirtschaft, 16., verbesserte und aktualisierte Auflage). Herne, Westf: NWB Verlag.

6 Tabellenverzeichnis

6.1 Tabellenverzeichnis